«I Ma

piazza s. romano, 16
55100 lucca
tel. 0583/55530 - fax 0583/418245
e-mail: mpf@pacinifazzi.it
sito in internet:
www.pacinifazzi.it

Printed in Italy

ISBN 88-7246-137-5

Cucinare il pesce

Cento ricette di
Umberto Consani

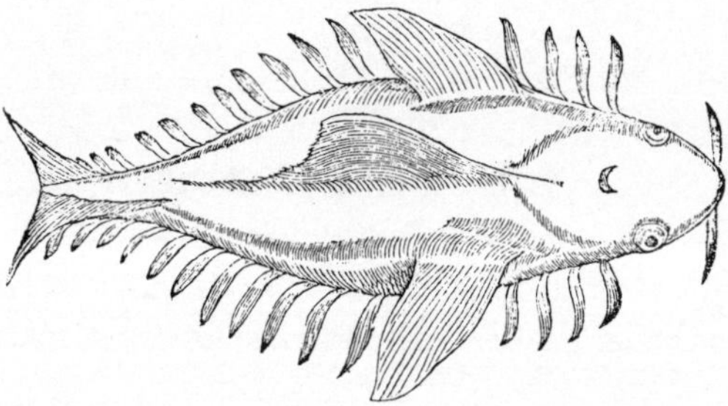

Maria Pacini Fazzi editore, Lucca

I PESCI

I pesci, questi vertebrati con scheletro osseo o cartilagineo, sangue rosso e freddo, respirazione bronchiale, pinne in luogo degli arti, sono per lo più ovipari, vivono la maggior parte nel mare, in molto minor numero nell'acqua dolce, pochissimi nell'uno e nell'altra.

Il pesce contribuisce in parte all'alimentazione dell'uomo, ed è un alimento tutto da gustare. Solo in occasioni particolari lo troviamo nel nostro menù quotidiano. Molti lo definiscono alimento povero di potere nutritivo, invece, il pesce è cibo particolarmente indicato dei giorni nostri, in cui l'uomo conduce spesso una vita sedentaria e necessita di una alimentazione scarsa di grassi ma non per questo devono mancare le proteine.
Il pesce con il suo elevato valore biologico e la presenza di vitamina «D» presente nei tessuti muscolari (filetti), la vitamina «A» e l'alto contenuto di vitamina «B/12», fornisce caratteristiche di digeribilità e assimibilità superiori ad altre carni, donando anche quella del potere ipocolesterolizzante, e cioè di abbassare il livello di colesterolo nel sangue. Quindi è consigliabile a tutti e specialmente ai bambini ed agli anziani.

A questo punto, anche se sono sicuro che ognuno di voi sappia come si lavora il pesce, mi permetto ugualmente di dare alcuni consigli.

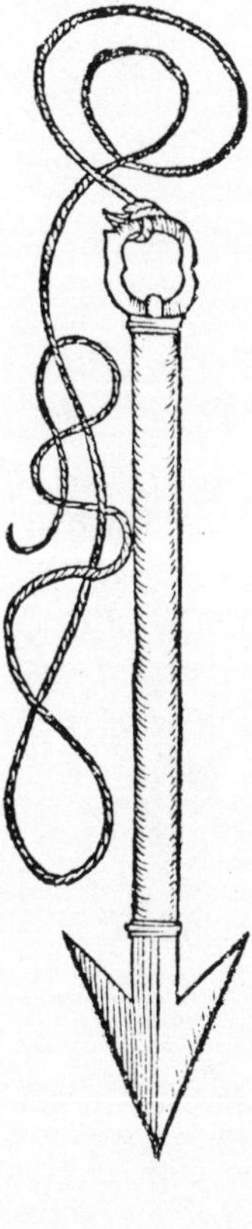

COME SI PREPARA IL PESCE PER LA COTTURA

La preparazione per la cottura inizia con la pulitura. I pesci con le squame si afferrano per la coda e si fà scorrere il coltello verso la testa, quindi si pratica un taglio lungo l'addome e si asporta l'intestino, la lavatura sotto l'acqua corrente deve essere accurata.

COME SI CUOCE

PESCE LESSO

Il pesce grosso si immerge in acqua salata fredda aromatizzata con carota, cipolla, sedano, alloro, aglio, prezzemolo, con l'aggiunta del succo di un limone o due dita d'aceto. Va cotto a leggera ebollizione e si lascia raffreddare nel suo brodo prima di servire.
Per i pesci più piccoli si fa bollire l'acqua per una ventina di minuti con tutti gli aromi poi si mette il pesce cuocendolo per 10/15 minuti dolcemente.

PESCE ARROSTO

Si insaporisce il pesce per qualche ora in una marinatura d'olio d'oliva, erbe aromatiche (origano, salvia, aglio, alloro, timo, rosmarino), e sale.

Si dispone quindi in una teglia con l'olio, si cosparge di pangrattato e si mette in forno a non più di 200 gradi.

Ogni tanto si spruzza con vino bianco e succo di limone, il tempo di cottura si calcola dai 30 ai 40 minuti per ogni Kg.

PESCE ALLA GRIGLIA

Impanato il pesce lo si cosparge di olio aromatizzato, si sala e si pone sulla griglia usando preferibilmente carbone di legna aromatizzata come ad esempio alloro, ginepro, acero, pino. Si deve evitare che la fiamma lambisca il pesce per non bruciarlo.

I pesci molto grossi vanno prima grigliati e passati poi dal forno, durante la cottura il pesce và spennellato con olio e succo di limone.

PESCE FRITTO

I pesci si infarinano e si friggono in abbondante olio d'oliva; a questo scopo si usa preferibilmente una padella di ferro. L'olio deve essere fumante, in modo da rassodare immediatamente la superfice del pesce ed impedire all'olio di entrare dentro la carne.

Se il pesce è piuttosto grosso l'olio sarà leggermente meno caldo dando tempo allo stesso di cuocere internamente. Una volta cotto, il pesce va fatto scolare su carta gialla e salato.

FRUTTI DI MARE

Discorso diverso è per i frutti di mare, i quali prima di qualsiasi preparazione devono essere puliti con molta cura ed attenzione per eliminare la sabbia e l'eventuale fango assorbito. È necessario lavarli accuratamente sotto l'acqua corrente eliminando le barbe e le incrostazioni, usando un coltellino od uno spazzolino rigido; si mettono quindi in un colino a bagno in acqua di mare o acqua salata per circa 24 ore. Le conchiglie si apriranno facendo uscire la sabbia e le altre impurità, quelle che non si aprano vanno tolte perché morte.

Per farli aprire si mettono in un tegame largo, senz'acqua e si mettono sul fuoco a fiamma alta, aggiungendo a piacere un filo d'olio, vino bianco e limone.

Quasi tutti i frutti di mare in conchiglia si possono mangiare crudi con agro di limone, ma sono anche ottimi per svariate e succose ricette.

COME CUOCERE I CROSTACEI

I crostacei, gli scampi, mazzancolle e gamberi in genere si debbono cuocere con il guscio, basta lavarli molto bene prima della cottura, la quale deve essere rapida, sia per la griglia che per la bollitura.

Cottura alla griglia

Gli scampi, i piccoli crostacei, i gamberi, vanno solo lavati ed asciugati, poi si praticano sul corpo dalla parte della pancia uno o due tagli per la lunghezza, si mettono sulla griglia facendo cuocere 5-6 minuti.

Per la bollitura

Si prepara acqua con sale e quando bolle vanno immersi i crostacei, l'acqua smetterà di bollire per circa un minuto, appena ricomincia a bollire spengere il fuoco e tirare fuori i crostacei pronti per essere serviti.

COME SI CUOCE L'ARAGOSTA

Bollita

La cottura deve avvenire in un recipiente molto grande o meglio ancora in un court-bouillon, aromatizzato con i soliti aromi e 2 bicchieri di vino bianco secco, il tempo varia dai 20 ai 40 minuti secondo la grossezza dell'aragosta. Si serve sia calda che fredda, se fredda si deve lasciare raffreddare nel liquido di cottura.

Alla griglia

Si immerge l'aragosta per 5 minuti in acqua bollente salata, questo serve ad indurire la carne ed a ucciderla, si taglia in due nel senso della lunghezza, si condisce con pepe, sale, burro fuso e si cuoce alla griglia o sulla piastra, mettendo sul fuoco la parte della polpa, per un'aragosta di pezzatura media occorrono circa 20 minuti.

N.B. *Le ricette sono calcolate tutte per 4 persone.*

ALICI AGLI AGRUMI

Ingredienti
400 gr. di alici fresche, un limone, un mandarino, un'arancia, un bicchierino di cognac, olio extra vergine d'oliva q.b.

Esecuzione
Diliscare le alici e stenderle in un recipiente largo, condirle con il succo degli agrumi, con il cognac, l'olio e far riposare per 24 ore. Accompagnare con fettine di pane leggermente tostato.

ANTIPASTO DI COZZE E PATATE

Ingredienti
250 gr. di cozze sgusciate, 2 grosse patate bollite, un cucchiaio di prezzemolo tritato con uno spicchio d'aglio, il succo di mezzo limone, un bicchiere d'olio extra vergine d'oliva, sale, pepe.

Esecuzione
Mettere le cozze in un vassoio, tagliare le patate a fette, condire il tutto con il prezzemolo, il succo di limone e l'olio, aggiustare di sale e pepe.
Servire sia caldo che freddo.

ANTIPASTO DI COZZE E PORRI

Ingredienti
300 gr. di cozze sgusciate, 2 grossi porri freschi, sale, pepe, olio extra vergine d'oliva, aceto di vino.

Esecuzione

Affettare i porri a rondelline, condirli mescolandoli alle cozze, con sale, pepe, olio e due gocce d'aceto di vino.

ANTIPASTO DI POMODORI GAMBERETTI E MOSCARDINI

Ingredienti

2 pomodori da insalata maturi a metà, 150 gr. di gamberetti, 150 g. di moscardini, olio, sale, pepe, 2 spicchi d'aglio, un pizzico di origano.

Esecuzione

Saltare i gamberetti ed i moscardini nell'olio con l'aglio; quando saranno freddi, condire con i pomodori tagliati a fettine mettendo olio, sale, pepe e un pizzico di origano.

ANTIPASTO DI RUCOLA E GAMBERETTI

Ingredienti

200 gr. di gamberetti sgusciati, 150 gr. di fagioli cannellini cotti, un bel mazzetto di rucola fresca, sale, pepe, olio q.b., due spicchi d'aglio.

Esecuzione

Saltare i gamberetti in una padella con un poco d'olio e l'aglio; quando saranno freddi unire i fagioli e l'insalata. Condire con sale, pepe, olio e servire.

ANTIPASTO DI TRIGLIE

Ingredienti

4 triglie di circa 150 gr. l'una, il succo di un pompelmo, 5 cucchiai d'olio extra vergine d'oliva, 3 cucchiai di prezzemolo tritato, 5 carciofini sott'olio, 5-6 olive snocciolate, 1 pacchetto di pan carrè tagliato a fette, sale, pepe.

Esecuzione

Lavare e pulire accuratamente le triglie, aprirle e tagliarle in 4 pezzi.

Mettere in padella con due cucchiai d'olio, metà prezzemolo, sale, pepe, cuocere circa 10 minuti per parte girando molto delicatamente facendo attenzione di non romperle. Tritare intanto i carciofini e le olive che unirete al prezzemolo, dividere il pan carrè in due triangoli per ogni fetta e su ognuna mettere un quarto di triglia e un po' di trito, ungere una pirofila e mettere le fettine del pane, versarci sopra il succo del pompelmo precedentemente sbattuto con l'olio rimasto; infornare a 200 gradi per 10 minuti e servire caldi.

ANTIPASTO MISTO

Ingredienti

800 gr. di pesce fra polpi, seppie, gamberi e calamari, 2 bicchieri di vino bianco secco, succo di un'arancia e di un limone, aglio e prezzemolo tritato (2 cucchiai), un poco di zenzero, sale.

Esecuzione

Bollire per circa 40 minuti il pesce nel vino con il sale, (i gamberetti devono essere solamente scottati), scolare il tutto e far raffreddare, tagliare a pezzi, condire con il succo dell'arancia e del limone, l'aglio, e il prezzemolo, lasciar riposare alcune ore e servire.

ANTIPASTO SPUMA DI MARE

Ingredienti

4 triglie, 200 gr. di gamberetti, 150 gr. di moscardini, 100 gr. di cozze sgusciate, un pugno di prezzemolo, uno spicchio d'aglio, una decina di capperi, due pomodori pelati, 50 gr. di olio, tre piccoli funghi coltivati (circa 50 gr.) sale, pepe, il succo di un pompelmo

Esecuzione

Mettere il succo del pompelmo con l'olio, il prezzemolo, l'aglio, i capperi, il pomodoro, i funghi, il sale, il pepe sul fuoco basso e lasciare insaporire. Nel frattempo lavare, pulire, disliscare le triglie, pulire i moscardini ed i gamberetti, unire il tutto comprese le cozze a quanto sta cuocendo.

Far cuocere piano piano. Quando tutto sarà cotto, togliere una ventina di cozze e passare il resto dal passatutto, ottenendo una crema omogenea che spalmerete sui triangolini di pan carrè; mettere sopra ognuno una cozza e passare al forno per 5 minuti. Servire caldi.

AVOCADO E GAMBERETTI

Ingredienti
2 grossi avocado, 200 gr. di gamberetti sgusciati, 6 cucchiai di maionese, 50 gr. di formaggio gruviera tagliato a piccoli tocchetti, un bicchierino di marsala secca.

Esecuzione
Tagliare gli avocado a metà, togliere il nocciolo e con un cucchiaino anche un poco di polpa da amalgamare con i gamberetti sbollentati per un minuto in acqua bollente, la maionese il formaggio e la marsala; con questo riempire l'avocado e servire.

SPIEDINI AL COGNAC

Ingredienti
20 moscardini, 20 grosse cozze sgusciate, 20 pezzetti di pancetta affumicata, 20 pezzetti di peperone giallo, 4 spiedini di ferro, sale, pepe, 1/2 bicchiere di cognac.

Esecuzione
Infilare gli spiedini alternando: pancetta, moscardino, peperone, cozza, ancora pancetta, moscardino, peperone cozza, così per 5 volte, salare pepare e mettere sulla griglia per alcuni minuti. Una volta cotti stendere sul piatto di portata, irrorare con il cognac scaldato in precedenza e dar fuoco, portare in tavola con la fiamma ancora viva.

BIANCHETTI ALLA TOSCANA

Ingredienti
400 gr. di bianchetti, 4 uova, una grossa cipolla di montignoso, un cucchiaio di prezzemolo tritato, olio d'oliva extra vergine, succo di limone, sale, pepe.

Esecuzione
Lavare i bianchetti e farli insaporire in casseruola nella cipolla dopo averla fatta appassire per 2-3 minuti, sbattere le uova con il sale e pepe e metà del succo del limone. Far rapprendere l'uovo sempre mescolando, mettere il prezzemolo e il limone rimasto, ultimare la cottura e servire caldo.

COZZE ALL'ARANCIA

Ingredienti
Kg. 1 di cozze, una maionese di 2 uova, il succo di un'arancia, la scorza della stessa, alcune foglie di insalata, sale pepe.

Esecuzione
Pulire accuratamente le cozze e farle aprire, eliminare i gusci senza mollusco e mettere su un piatto guarnito con l'insalata; sbollentare le buccie dell'arancia tagliate a sottilissimi filettini, aggiungerli alla maionese assieme al succo dell'arancia, versare omogeneamente sopra le cozze e servire.

COZZE RIPIENE DI TONNO

Ingredienti

Kg. 1 di cozze piuttosto grosse, 200 gr. di tonno sott'olio ben sgocciolato, 100 gr. di mortadella, mollica di un panino, 50 gr. di pomodori pelati, olio extra vergine d'oliva 4-5 cucchiai, sale, pepe.

Esecuzione

Pulire accuratamente le cozze e metterle ad aprire al vapore, nel frattempo preparare un impasto formato dal tonno, dalla mortadella tritata, dal pane ammollato in poco latte, e dall'uovo, sale, pepe, con questo riempire le cozze, con la pressione di due dita chiudere legandole con del filo bianco.

Preparare un soffritto con aglio, cipolla e prezzemolo, aggiungere il pomodoro e far ritirare. A metà cottura mettere le cozze e far insaporire per 15-20 minuti.

FRITTATINE DI ALICI

Ingredienti

200 gr. di alici, 6 uova, due cucchiai di prezzemolo tritato con uno spicchio d'aglio, 1/2 bicchiere di latte, un cucchiaio di farina bianca, sale, pepe.

Esecuzione

Pulire e diliscare le alici, sbattere le uova con l'aggiunta del latte e della farina, aggiustare di sale e pepe. Mettere in una terrina ed aggiungere le alici ed il prezzemolo tritato, amalga-

mando il tutto.
Far scaldare una piccolissima padella antiaderente e fare 4 frittatine, cuocere non più di 5 minuti, servire sia calde che fredde. Potrete anche fare un'unica frittata grande che poi taglierete a vostro piacimento.

GAMBERETTI IN CAROZZA

Ingredienti
8 fette di pan carrè, una mozzarella, 150 gr. di gamberetti sgusciati, 1 bicchiere di latte, un uovo, sale, burro per friggere.

Esecuzione
Far cuocere i gamberetti per un minuto in acqua bollente con sale e scolarli.
Bagnare nel latte i triangolini ottenuti tagliando a metà le fette di pan carrè, sistemare in parti uguali su una parte di essi i gamberetti e la mozzarella, ricoprire con la parte restante, premendo leggermente i bordi, perché stiano insieme.
Passare nell'uovo precedentemente sbattuto con un poco di sale, friggere nel burro e servire caldi.

INSALATA DI GAMBERETTI

Ingredienti
200 gr. di gamberetti, 100 gr. di formaggio gruviera, 4 cucchiai di maionese, 1/2 bicchiere d'olio extra vergine

d'oliva, una grossa mela renetta, sale, pepe, il succo di un'arancia.

Esecuzione

Sbollentare i gamberetti sgusciati, tagliare il formaggio e la mela a dadolini; condire con l'olio emulsionato con il succo dell'arancia e la maionese, aggiustare di sale e pepe.

PATÈ AI SAPORI DI MARE

Ingredienti

Bollire una trancia di nasello, una di orata, una di salmone, tre triglie diliscate, per un peso complessivo di Kg. 1, una tazza di vino bianco secco, due cucchiai di capperi, 5 cucchiai di maionese, un poco d'olio extra vergine d'oliva, 4-5 cetriolini, sale, pepe.

Esecuzione

Bollire il pesce nel vino con il sale, toglierlo e sminuzzarlo, quando è freddo amalgamarlo con la maionese, i capperi tritati ed i cetriolini, mettere l'olio e aggiustare di sale e pepe, mettere tutto in una forma da pesce, 20 minuti di frigorifero, sformare e guarnire a piacere.

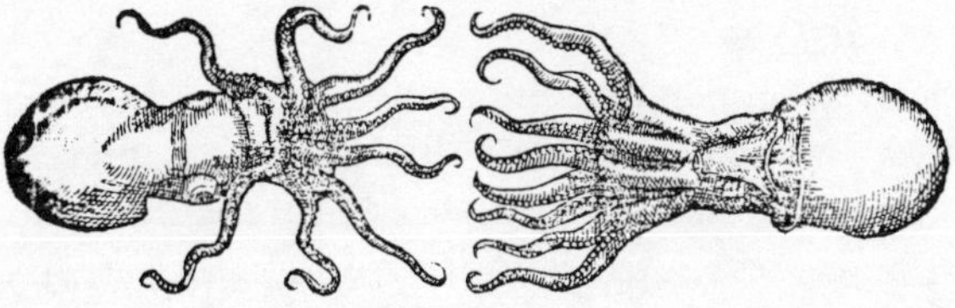

PESCE DI TONNO

Ingredienti
400 gr. di tonno fresco, 250 gr. di patate bollite, due cucchiai di capperi sott'aceto, 5 filetti d'acciughe sott'olio, 3 uova sode, il succo di 2 mandarini, 20 foglie di basilico fresco, un poco d'olio extra vergine d'oliva, salsa maionese, sale, pepe.

Esecuzione
Bollire il tonno e passarlo al setaccio con le patate bollite; tritare i capperi, le acciughe le uova sode, il basilico, amalgamare assieme al tonno e alla pasta con il succo del mandarino, l'olio il sale e pepe. Con l'impasto ottenuto formare un pesce (meglio ancora se avete una forma in alluminio), e guarnire a fantasia; mettere in frigorifero alcuni minuti e servire accompagnato con una salsa maionese.

POMPELMO IMPERATORE

Ingredienti
Due grossi pompelmi rosa, 150 gr. di gamberetti sgusciati e sbollentati in acqua salata, 8 cucchiai di maionese, un bicchierino di marsala, 12 striscioline di salmone affumicato, 4 foglie di lattuga.

Esecuzione
Tagliare a metà i pompelmi, svuotarli e tagliare a piccoli pezzetti la polpa che amalgamerete con la maionese, il marsala ed i gamberetti. Con quanto ottenuto riempire i pompelmi; prima avrete messo una foglia d'insalata in una cop-

petta da macedonia; disponete ora in obliquo il pompelmo con dentro le tre striscioline di salmone affumicato che dovranno uscire fuori ed appoggiare sul verde dell'insalata. Prima di servire ponete i pompelmi guarniti in frigorifero per 10 minuti.

SCAMPI ALLO SPUMANTE

Ingredienti

16 scampi, 50 gr. di burro, una cipolla, una carota, una costa di sedano, un bicchiere di panna, 2 tuorli d'uovo, mezza bottiglia di spumante secco, sale, pepe.

Esecuzione

Far rosolare nel burro il trito di carota, cipolla e sedano, spruzzare con un poco di spumante e portare a cottura, quando questa è ultimata passare al setaccio e mettere nuovamente nel recipiente di cottura, unire gli scampi sgusciati, bagnare con lo spumante, aggiustare di sale e pepe, cuocendo per 10 minuti. Togliere gli scampi e tenerli al caldo. Tener sul fuoco il fondo di cottura aggiungendo la panna e i tuorli, mescolare a fuoco basso senza far prendere l'ebollizione. Mettere gli scampi in una pirofila con sopra la salsa e far gratinare al forno per qualche minuto.

UOVA SODE CON CREMA DI GAMBERI E SALMONE

Ingredienti
6 uova sode, 150 gr. di gamberetti sgusciati, 40 gr. di salmone affumicato, due cucchiai di maionese, 1/2 bicchierino di marsala secca, 12 capperi, sale, pepe, uno spicchio d'aglio, olio extra vergine d'oliva (q.b.).

Esecuzione
Tagliare le uova in due parti, togliere il rosso che frullerete con il salmone, la maionese, il marsala ed i gamberetti saltati precedentemente in un poco d'olio extra vergine e uno spicchio d'aglio. Riempire con la crema ottenuta le uova e guarnire con un cappero.

VERDURE FANTASIA

Ingredienti
500 gr. di polpa di cernia, 3 acciughe pulite e diliscate, 2 grosse patate bollite con la buccia, 2 zucchini, 4 carciofi, 4 foglie di insalata belga, 2 pomodori da insalata, 4 cucchiai di maionese, un filo d'olio, il succo di un mandarancio, un cucchiaio di capperi, sale, pepe.

Esecuzione
Bollire la cernia in acqua salata, e condire con le acciughe, la maionese, il succo del mandarancio, l'olio, il sale e pepe. Quando tutto sarà ben amalgamato ne dovrà risultare una crema, con cui riempire gli zucchini bolliti e svuotati a barchetta, le patate sbucciate tagliate a metà

e svuotate, i pomodori privati dei semi, i carciofi bolliti e svuotati; disponete poi la crema nelle foglie d'insalata, guarnire tutto con i capperi e servite.

BRODETTO DI PESCE CON RISO

Ingredienti

150 gr. di calamaretti, 100 gr. di seppioline, 400 gr. di pesce a trance (palombo, pesce spada od altro), 300 gr. di riso per brodo, 100 gr. di gamberetti sgusciati, prezzemolo in abbondanza, una cipolla, aglio, 150 gr. d'olio extra vergine d'oliva, 300 gr. di pomodori pelati passati, un bicchiere abbondante di vino bianco, un dado.

Esecuzione

Soffriggere leggermente nel recipiente di cottura il trito di prezzemolo, aglio e cipolla, aggiungere il pomodoro ed il vino e cuocere per alcuni minuti lasciando evaporare. Unire quindi il pesce, che avrete precedentemente ben pulito (tagliando il grosso in piccola pezzatura), salare, pepare e aggiungere quasi 1 litro di acqua con il dado. Lasciar bollire per circa 30 minuti e unire il riso con ancora un po' di brodo. (Potrete usare a vostro piacimento al posto del riso anche pasta tagliata o lunga).

CONCHIGLIE AL BACCALÀ

Ingredienti

350 gr. di conchiglie, 200 gr. di baccalà ammollato (privo di pelle e lische), un bicchiere circa d'olio extra vergine d'oliva, 2 tazze di polpa di pomodori passati al setaccio, 2 spicchi d'aglio, 20-25 foglie di basilico fresco, una cipolla, un bicchiere di vino bianco secco, sale, pepe.

Esecuzione

Mettere l'olio in una terrina con la cipolla tritata e l'aglio, lasciarla imbiondire ed unire poi il baccalà sminuzzato, spruzzare con il vino, far evaporare e unire il pomodoro aggiustando di sale e pepe, portare a cottura allungando eventualmente con un poco di brodo, far tornare sull'olio ed aggiungere il basilico tritato. Nel frattempo avrete fatto cuocere la pasta che scolata salterete nel sugo ottenuto.

CRESPELLE AL DIO DEL MARE

Ingredienti

Per le crespelle - *75 gr. di farina bianca, 220 gr. di latte, 2 uova, sale, un poco di burro.*

Per il pieno - *200 gr. di bietola cotta ben strizzata e passata nel burro, 2 acciughe salate, pulite e diliscate, 300 gr. di pesce S. Pietro bollito e diliscato, 100 gr. di seppioline bollite, 100 gr. di cozze sgusciate, un pizzico di noce moscata, 100 gr. di burro, 50 gr. di pecorino grattugiato, sale, pepe.*

Esecuzione

Preparare 16 crespelle nel modo tradizionale.

Frullare tutti gli ingredienti indicati ad eccezione del burro e del formaggio, mettere la crema ottenuta un poco sul fuoco in maniera che risulti spalmabile e non troppo liquida e con questa spalmare le crespelle, piegarle a metà e ancora a metà una seconda volta, ottenendo dei triangolini. Fare imbiondire il burro in una pirofila dove stenderete le crespelle ungendole con lo stesso burro da tutte le parti, imbiancare con il formaggio e passare in forno a 200 gradi per 10 minuti.

GNOCCHETTI SULLA TROTA

Ingredienti

Kg. 1 di gnocchetti di patate (meglio se fatti in casa), una o più trote per un peso complessivo di 500 gr., 3 cucchiai di prezzemolo tritato con due spicchi d'aglio, una punta di zenzero, un barattolo di pomodori pelati da kg. 1, 1/2 bicchiere d'olio extra vergine d'oliva, 1/2 bicchiere di vino bianco, sale.

Esecuzione

Far soffriggere nell'olio il trito con lo zenzero; quando è appassito unire il vino, far evaporare ed aggiungere i pelati. Pulire accuratamente le trote, adagiarle nel sugo, salare e far cuocere; quando la polpa si staccherà dalla lisca toglierla dal sugo, diliscarle e mettere nuovamente nel sugo lasciando insaporire ancora alcuni minuti; condire gli gnocchetti appena cotti, meglio se saltati appena in padella.

GNOCCHI DI CERNIA

Ingredienti

500 gr. di cernia bollita e diliscata, 2 grosse patate lesse, 300 gr. di ricotta, 5 uova intere, 150 gr. di burro, un poco di noce moscata, 2 rametti di salvia, un poco di farina bianca, sale e pepe.

Esecuzione

Sminuzzare la cernia, schiacciare le patate e mettere il tutto in una terrina, aggiungere la ricotta, la noce moscata, sale, pepe e quindi le uova, lavorare il composto e formare degli gnocchetti aiutandovi eventualmente con la farina, cuocerli nell'acqua bollente e salata dove avete bollito la cernia, toglierli appena vengono a galla e saltarli nel burro e la salvia tagliata grossolanamente.

MINESTRA DI CECI E BACCALÀ

Ingredienti

250 gr. di pasta corta (ditalini rigati), 200 gr. di ceci bolliti, 200 gr. di baccalà ammollato (pulito dalla pelle e le lische), un rametto di rosmarino, sale, pepe, un bicchiere d'olio extra vergine d'oliva.

Esecuzione

Mettere la metà di 1 bicchiere d'olio in una padella con il rosmarino, sminuzzare il baccalà e farlo cuocere rosolandolo dolcemente, aggiustare di sale e pepe. Quando sarà cotto travasarlo nel recipiente dove avrete cotto i ceci, con gli stessi ed il loro brodo, allungare se necessario con acqua calda, far bollire alcuni minuti e cuocervi la pasta. Prima di servire aggingere a crudo l'olio rimasto.

PASTA SUL PESCE

Ingredienti

400 gr. di pesce misto senza lische, 250 gr. di pasta corta (ditalini, fedelini, o mezzi ditalini), una cipolla, una costa di sedano, 200 gr. di pomodori maturi, olio extra vergine d'oliva, sale, pepe.

Esecuzione

Tritare la cipolla ed il sedano e mettere a soffriggere in un poco d'olio, aggiungere il pomodoro aggiustando di sale e pepe. Lessare il pesce in acqua salata e toglierlo al dente; unirlo alla salsina lasciando insaporire alcuni minuti. Nel frattempo cuocere la pasta nell'acqua del pesce e appena pronta aggiungere il pesce con la sua salsa, lasciare insaporire e servire.

PENNE AL LIMONE CON COZZE

Ingredienti

350 gr. di penne rigate, 200 gr. di cozze sgusciate, un limone, 1/2 bicchiere d'olio extra vergine d'oliva, 50 gr. di burro, sale, pepe.

Esecuzione

Bollire la pasta e toglierla al dente; mettere nel frullatore l'olio, il succo del limone, la buccia, senza la parte bianca, metà delle cozze, sale, pepe. Quando tutto sarà ben frullato mettere in una capiente padella, aggiungere le altre cozze ed il burro, scaldare e saltarvi la pasta. Se il condimento non dovesse essere sufficientemente ricco per i vostri gusti, aggiungere olio extra vergine d'oliva a crudo.

PENNE GAMBERETTI ED ASPARAGI

Ingredienti

350 gr. di penne rigate, 200 gr. di gamberetti sgusciati, 300 gr. di asparagi, mezzo bicchiere di panna, 70 gr. di burro, 40 gr. di parmigiano grattugiato, sale, pepe.

Esecuzione

Bollire le penne e cuocere gli asparagi; una volta cotti mettere da parte le punte e frullare la parte meno legnosa unitamente alla panna; saltare nel burro i gamberetti sminuzzati per due minuti, unire la pasta cotta al dente e scolata il giusto, aggiungere le punte di asparagi e la crema ottenuta nel frullatore, imbiancare con formaggio e servire.

PENNE RIGATE CON POLPI E CARCIOFI

Ingredienti

350 gr. di pasta, 4 carciofi, 300 gr. di piccoli polpi, 2 cucchiai di prezzemolo tritato con uno spicchio d'aglio, un bicchiere d'olio extra vergine d'oliva, un porro fresco, 100 gr. di vongole sgusciate, sale, pepe, una tazza di polpa di pomodoro.

Esecuzione

Mettere carciofi e porro tritati finemente nell'olio e cuocere a fuoco molto basso, aggiungere se necessario un poco di brodo, il pomodoro e quindi i polpi sminuzzati e le vongole; aggiustare di sale e pepe e far tornare sull'olio. Cuocere la pasta e dopo averla scolata saltarla nel sugo ottenuto aggiungendo il trito di prezzemolo e aglio.

RISO ALLE VONGOLE

Ingredienti

350 gr. di riso, 300 gr. di vongole sgusciate, una cipolla, mezzo bicchiere d'olio extra vergine d'oliva, 500 gr. di pomodori pelati, 300 gr. di pisellini extrafini, sale, pepe.

Esecuzione

Scaldare l'olio e mettere la cipolla tritata, unire il pomodoro ed i pisellini; far cuocere ed unire le vongole; cuocere ancora per 10 minuti ed unire il riso; portare a cottura aggiungendo l'acqua dove avrete fatto aprire le vongole oppure brodo od acqua calda leggermente salata. Aggiustare di sale e pepe e servire.

RISO MELE E GAMBERETTI

Ingredienti

350 gr. di riso per risotti, due grosse mele, una carota, una costa di sedano, una piccola cipolla, un poco di prezzemolo, aglio, 25 gamberetti sgusciati, un poco di ramerino, 2 tazze di vino bianco secco, brodo, 50 gr. di burro salato, 2 pizzichi di cannella in polvere, 1/2 bicchiere d'olio, sale, pepe.

Esecuzione

Fare cuocere per una ventina di minuti la carota tagliata a listelline fini nel vino con il sedano e la cipolla, anch'essi sminuzzati, il prezzemolo, l'aglio, il ramerino; saltare i gamberetti nell'olio, toglierli e mettervi il riso aggiundendo le verdure bollite; portare a cottura il riso con l'aggiunta di brodo, sale e pepe. 3-4 minuti prima di togliere dal fuoco unire le mele sbucciate e tagliate a cubetti, i gamberetti, la cannella. Mantecare con il burro e servire caldo.

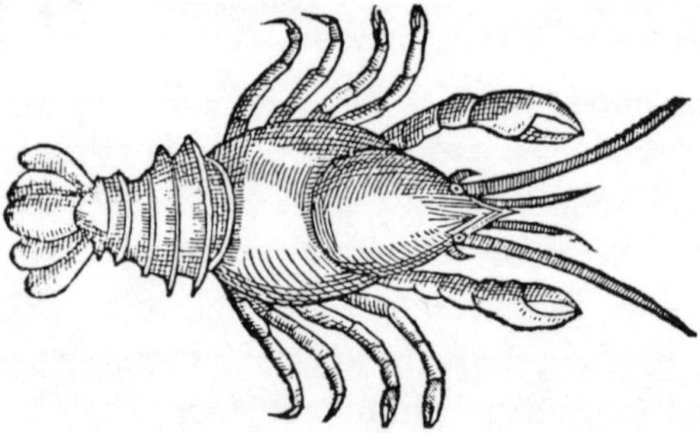

RISOTTO AL SALMONE

Ingredienti

350 gr. di riso, 400 gr. di salmone fresco, un porro, succo di un pompelmo e di un'arancia, un bicchiere d'olio extra vergine d'oliva, sale, pepe.

Esecuzione

Far soffriggere il porro nell'olio, aggiungere il trancio del salmone, far cuocere con l'aiuto del succo di pompelmo salare e pepare. Una volta cotto sminuzzarlo. Unire il riso e portarlo a cottura aggiungendo acqua calda o brodo. Unire poi il succo dell'arancia, amalgamare e servire.

RISOTTO ALLE SEPPIE E GAMBERI

Ingredienti

Gr. 350 di riso per risotti, 1/2 kg. di seppie pulite e tagliate, 200 gr. di gamberi sgusciati, una piccola cipolla, 1 spicchio d'aglio, la punta di un peperoncino, 200 gr. di pomodori pelati, 1/2 bicchiere di vino bianco, 1/2 bicchiere d'olio extra vergine d'oliva, 200 gr. di pisellini novelli, sale.

Esecuzione

Tritare aglio e cipolla, far soffriggere leggermente, aggiungere le seppie e rosolare allungando con il vino, far ritirare; aggiungere i pomodori e cuocere per 10 minuti, unire i pisellini e poco dopo il riso, allungando con brodo (meglio se di pesce). A cottura quasi terminata aggiungere i gamberi, ultimare e servire.

RISOTTO SULLE SEPPIE CON BIETOLA

Ingredienti

300 gr. di riso da risotti, 300 gr. di piccole seppioline, due palline di bietola cotta, una cipolla, un bicchiere d'olio extra vergine d'oliva, sale, pepe, una tazza di passato di pomodori, un bicchiere di vino bianco secco.

Esecuzione

Tritare finemente la cipolla e soffriggerla in mezzo bicchiere d'olio, aggiungere il pesce e portare a cottura; tritare finemente la bietola e metterla nel recipiente di cottura con il pomodoro aggiustando di sale e pepe. Cuocere molto al dente il riso in acqua salata con il bicchiere del vino, scolare e terminare la cottura con le seppioline e la bietola, nel caso aggiungendo un poco di brodo. A cottura ultimata aggiungere l'altra metà dell'olio a crudo e servire.

RISOTTO SULLA SOGLIOLA

Ingredienti

350 gr. di riso, 400 gr. di sogliole, 100 gr. di burro, un limone, un dado da brodo, due cucchiai di prezzemolo e aglio tritati, sale, pepe.

Esecuzione

Fondere ed imbiondire la metà del burro, far cuocere le sogliole aggiustando di sale e pepe; diliscarle togliere la pelle e metterle nuovamente nel recipiente di cottura, aggiungere il riso, tostarlo leggermente e portarlo a cottura con il brodo (meglio se di pesce); quando questa è ultimata unire il succo di limone, il prezzemolo tritato, il restante burro, amalgamare e servire.

SPAGHETTI ALLA NETTUNO

Ingredienti

350 gr. di spaghetti, 200 gr. di cozze sgusciate, 100 gr. di vongole e 100 di arselle sgusciate, un bicchiere circa d'olio extra vergine d'oliva, 500 gr. di pomodori pelati, 1 cipolla, una punta di peperoncino rosso, un cucchiaio di prezzemolo tritato, un cucchiaio di capperi, sale.

Esecuzione

Tritare la cipolla e farla appassire nell'olio con il prezzemolo ed il peperoncino, unire i pomodori passati al setaccio, far ritirare leggermente, tritare i capperi e insaporire il tutto. Per ultimo unire i frutti di mare e cuocere 10 minuti aggiungendo, se necessario, un poco di brodo o acqua calda leggermente salata.

Cuocete gli spaghetti (potrete aggiungere l'acqua che hanno tirato fuori i frutti di mare), saltateli nel sugo e servite.

SPAGHETTI ALLA VELA

Ingredienti

350 gr. di spaghetti, 300 gr. di filetti di razza, 2 cucchiai di prezzemolo e aglio tritati (aglio 2 spicchi), una puntina di zenzero, mezzo bicchiere d'olio extra vergine d'oliva, 70 gr. di burro, sale.

Esecuzione

Soffriggere il prezzemolo, l'aglio, e lo zenzero; aggiungere il pesce già sminuzzato e cuocere per alcuni minuti, aggiustandolo di sale. Bollire la pasta e scolarla al dente, aggiungere il burro e saltarla in padella. Unite il pesce con olio di cottura, insaporire il tutto e servire.

SPAGHETTI SUI CALAMARI E CARCIOFI

Ingredienti

Gr. 350 di spaghettoni, 200 gr. di calamaretti puliti, 2 carciofi, uno spicchio d'aglio, un bicchiere d'olio extra vergine d'oliva, una tazza di pomodori passati al setaccio, due cucchiai di prezzemolo tritato con uno spicchio d'aglio, sale, pepe.

Esecuzione

Mettere i calamaretti a cuocere in metà olio, aggiungere sale, pepe e pomodoro passato; nel frattempo sminuzzare i carciofi e cuocerli nell'olio rimasto con l'aggiunta di un poco di liquido se necessario, quando saranno cotti unire ai calamaretti, saltarvi dentro gli spaghettoni spolverando con il prezzemolo tritato.

TAGLIATELLE AL SALMONE FRESCO E PANNA

Ingredienti

500 gr. di tagliatelle fresche, 70 gr. di burro, una trancia di salmone fresco di gr. 350, una cipolla, un bicchiere di panna, una tazza di polpa di pomodoro passata al setaccio, sale, pepe.

Esecuzione

Tritare finemente la cipolla e mantecarla nel burro, aggiungere il pomodoro, aggiustare di sale e pepe, far ritirare leggermente e mettere a cuocere il salmone che andrà sminuzzato appena cotto. Bollire la pasta e saltarla nel sugo unendo la panna; insaporire 2 minuti e servire.

TAGLIATELLE ALLA CODA DI ROSPO IN SALSA PICCANTE

Ingredienti

500 gr. di tagliatelle fresche, un cucchiaio di capperi, un cucchiaio di olive snocciolate e tritate, due acciughe diliscate, 400 gr. di coda di rospo, una tazza abbondante di passato di pomodoro, un bicchiere circa d'olio extra vergine d'oliva, sale, pepe.

Esecuzione

Tritare capperi, olive ed acciughe, soffriggerli nell'olio alcuni minuti a fuoco lento, aggiungere il pomodoro e aggiustare di sale e pepe. Mettere il pesce nella salsa, far cuocere 20 minuti, sminuzzarlo e quando la pasta sarà cotta saltarla nel sughetto ottenuto.

TAGLIATELLE SULLE TRIGLIE

Ingredienti

500 gr. di tagliatelle fresche all'uovo, circa 1/2 kg. di triglie, due cucchiai di prezzemolo tritato con due spicchi d'aglio, una puntina di zenzero, un barattolo da chilo di pomodori pelati, mezzo bicchiere d'olio extra vergine d'oliva, mezzo bicchiere di vino bianco, sale.

Esecuzione

Fare appassire il trito del prezzemolo e aglio nell'olio con lo zenzero, unire poi il vino, far evaporare ed aggiungere i pelati; fare ritirare leggermente e mettere le triglie ben pulite e squamate; dopo averle cotte toglierle dal fuoco, privarle delle teste e delle lische e unirle nuovamente al sugo, mantenendo tutto in caldo. Quando le tagliatelle saranno cotte, scolarle, saltarle nel pesce e servirle subito ben calde.

ZUPPETTA AL TRIDENTE

Ingredienti

500 gr. di pesce misto, (cozze, scampi, totani, nasello), 2 porri freschi, una costa di sedano, una carota, prezzemolo, aglio, 2 bicchieri di vino bianco, un bicchiere di panna, una tazza di passata di pomodoro, dadettini di pane fritti nel burro, un litro abbondante di acqua, sale, pepe.

Esecuzione

Tritare finemente le verdure e metterle a cuocere nel vino aggiungendo poco dopo il pesce lasciando cuocere finché il vino non sarà riti-

rato, a questo punto mettere il passato di pomodoro e cuocere ancora 8-10 minuti a fuoco lento, aggiustare di sale e pepe.
Passare il tutto dal frullatore aggiungendo la panna, mettere nuovamente sul fuoco con l'acqua e far bollire ancora per 20 minuti, servire con i dadetti di pane.

ZUPPA ALLO ZAFFERANO

Ingredienti
800 gr. di cozze, 600 gr. di vongole, 2 porri, 2 bicchieri di vino bianco, 1 costa di sedano, 4-6 fette di pane abbrustolito ed agliato, una bustina di zafferano, olio extra vergine d'oliva, sale, pepe.

Esecuzione
Dopo aver ben pulito le cozze e le vongole, bollirle nel vino e un poco di acqua salata, insieme ai porri ed al sedano; quando i frutti si saranno tutti aperti, passare il brodo formatosi dal setaccio e separare i frutti dal loro guscio.
Continuare la cottura del brodo aggiungendo lo zafferano, rimettere poi le cozze e le vongole sgusciate, lasciare insaporire aggiustando di sale e pepe, versare infine il tutto sul pane aggiungendo un filo d'olio extra vergine d'oliva a crudo.

ZUPPA DI ANGUILLE

Ingredienti

800 gr. di anguille, una cipolla di montignoso piuttosto grossa, una patata, un gambo di sedano, un poco di prezzemolo tritato, due bicchieri di vino, un cucchiaio di capperi, alcune fette di pane abbrustolito, 1/2 bicchiere d'olio extra vergine d'oliva, sale, pepe.

Esecuzione

Tagliare le verdure e metterle in una casseruola con l'olio e circa 1/2 litro d'acqua unendo anche il prezzemolo; lasciar bollire per un quarto d'ora dopo aver aggiustato di sale e pepe. Dopo aver accuratamente pulito e lavato abbondantemente le anguille e averle tagliate a pezzetti lunghi circa un dito, prendere una casseruola - meglio se di coccio - e stendervi uno strato di anguille sulle quali verserete la metà delle verdure sgocciolate, poi ancora anguille e le rimanenti verdure con il brodo di cottura. I capperi dovranno essere messi in parti uguali tra i due strati. Tappare il più ermeticamente possibile e cuocere per circa 35-40 minuti agitando di tanto in tanto il recipiente per impedire alle anguille di attaccare; aggiustare di sale e pepe e unire, prima di togliere completamente dal fuoco, i due bicchieri di vino e bollire ancora per 2-3 minuti. Servire nelle fondine nelle quali avrete messo le fette di pane.

ZUPPA D'ARSELLE

Ingredienti

1,500 Kg. di arselle (telline), 1 Kg. di pomodori pelati, una punta di zenzero, 3 cucchiai di prezzemolo tritato con uno spicchio d'aglio, 3-4 spicchi d'aglio intero, 2 bicchieri di vino rosso, alcune fette di pane raffermo, un bicchiere d'olio extra vergine d'oliva, sale.

Esecuzione

In un recipiente capace mettere l'olio con lo zenzero e far appassire il prezzemolo tritato, aggiungere il vino e, appena evaporato, i pelati. Nel frattempo avrete fatto aprire in altro recipiente le telline che unirete al pomodoro allungando con l'acqua filtrata che hanno lasciato le arselle. Abbrustolire il pane e agliare abbondantemente, mettere in una insalatiera, bagnare con il sughetto di pomodoro e aggiungere poi sopra le arselle.

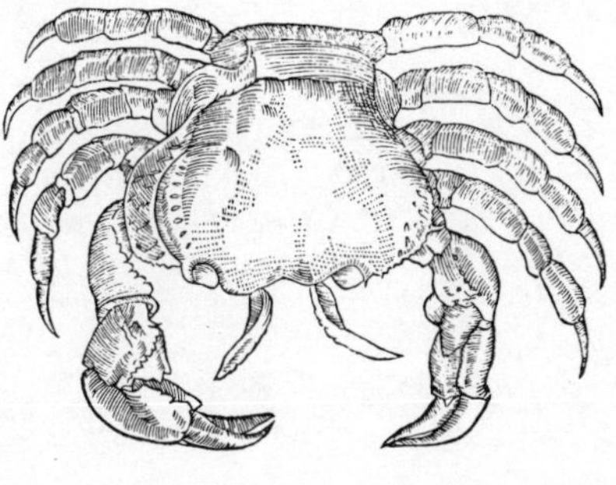

ZUPPA DI DATTERI

Ingredienti

Kg. 1 di datteri, una tazza di brodo, 2 tazze di passato di pomodori pelati, 1 tazza di vino bianco secco, 25 foglie di basilico fresco, 100 gr. di burro, alcune fette di pane raffermo, sale, pepe, 1/2 bicchiere di olio extra vergine d'oliva.

Esecuzione

Aprire i datteri mettendoli in una casseruola e tenere da parte l'acqua che hanno fatto, mettere il passato di pomodoro nell'olio con il basilico, salare e pepare. Cuocere facendo ritirare leggermente, unire il vino ed il brodo, insaporire e mettere i datteri, filtrare l'acqua che è stata messa da parte, unire a quanto già sta bollendo, nel frattempo friggere il pane nel burro, metterlo in una capiente terrina, bagnare con il brodetto ottenuto con sopra i datteri.

ZUPPA DI GAMBERETTI E FAGIOLI CANNELLINI

Ingredienti

300 gr. di cannellini freschi, 300 gr. di gamberetti sgusciati, un dado, 4-5 spicchi d'aglio, 3 chiodi di garofano, 4-5 fette di pane casalingo raffermo, olio extra vergine d'oliva, un cucchiaio di prezzemolo tritato, sale, pepe macinato fresco.

Esecuzione

Bollire i fagioli in abbondante acqua salata nella

quale avrete messo il dado e uno spicchio d'aglio punteggiato con i tre chiodi di garofano. Far saltare i gamberetti in padella con olio ed aglio; unirli poi ai fagioli ed insaporire; abbrustolire il pane e dopo averlo agliato metterlo nelle scodelle condendo con olio extra vergine d'oliva, sale, pepe ed un pizzico di prezzemolo tritato; sopra questi crostini verserete il brodo con i fagioli ed i gamberetti.

ZUPPA DI GOBBI (Pesce persico)

Ingredienti

600 gr. di gobbi, 1 costa di sedano, una carota, un ciuffo di prezzemolo, uno spicchio d'aglio, un pomodoro maturo, 1/2 bicchiere d'olio extra vergine d'oliva, 50 gr. di burro, pane casalingo raffermo, 1 dado da brodo, sale, pepe, 50 gr. di parmigiano grattugiato.

Esecuzione

Pulire e squamare accuratamente il pesce, metterlo a bollire con il sedano, le carote, il prezzemolo, l'aglio, il pomodoro ed il dado. Quando sarà cotto passare tutto al setaccio; mettere nuovamente nel recipiente di cottura aggiustare di sale e pepe, unire l'olio a crudo, far scaldare e versare su dadetti di pane fritti nel burro precedentemente preparati, spolverare di parmigiano e servire.

ZUPPA MARINARA

Ingredienti

1 kg. di sarde piuttosto grosse, 100 gr. d'olio extra vergine d'oliva, 2 spicchi di aglio, mezzo cucchiaio di conserva, un bicchiere d'acqua, un bicchiere di vino bianco, 2 dita di aceto di vino bianco, sei fette di pane casalingo, sale, pepe.

Esecuzione

Dorare l'aglio nell'olio e togliere subito dopo, aggiungere la conserva ed il vino, completare dopo 2 minuti con l'acqua e l'aceto; unire i sardoni dopo averli diliscati e privati della testa, condire con pepe, sale e cuocerli a fuoco lento per circa 15 minuti. Una volta che le sarde saranno cotte, stenderle con il suo sughetto sul pane leggermente abbrustolito ed agliato.

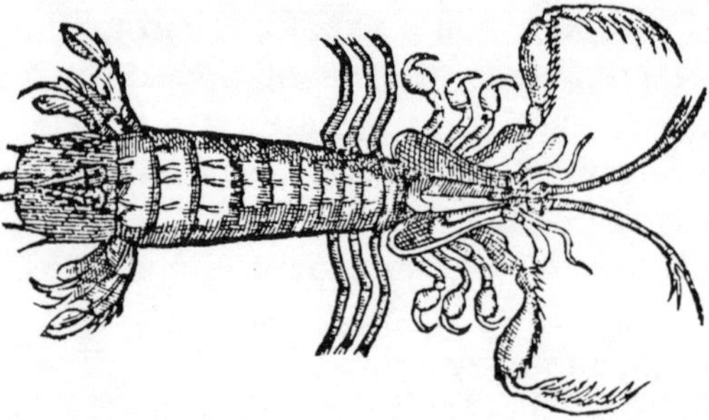

ALICI A SORPRESA

Ingredienti

16 alici, 16 fette di prosciutto, 16 grosse foglie di basilico, 16 pezzettini di mozzarella, 70 gr. di burro, un poco di brodo, 2 bicchieri di vino bianco secco, sale, pepe.

Esecuzione

Pulire accuratamente le alici e sbollentarle nel vino (salandolo), aprirle a libro togliendo testa e lisca. Stendere sul tagliere le fette del prosciutto e mettere al centro di ognuna un'alice con una foglia di basilico ed un pezzetto di mozzarella, formare degli involtini fermandoli con stecchini da denti.

Ungere abbondantemente una pirofila con il burro, adagiarvi gli involtini in un unico strato, cospargere con fiocchetti di burro, cuocere per 10 minuti, bagnare con un poco di brodo e continuare la cottura ancora per 10 minuti.

ALICI ALL'ORTOLANA

Ingredienti

800 gr. di alici fresche, 1/2 bicchiere d'olio extra vergine d'oliva, 300 gr. di cipolline bianche, un bicchiere di vino bianco secco, 1/2 bicchiere di succo di pompelmo, sale, pepe.

Esecuzione

Pulire e diliscare le alici; mettere le cipolline tagliate in 4 pezzi in una casseruola non molto larga con l'olio, stendervi sopra le alici, unire il vino, il succo del pompelmo, sale, pepe. Cuocere a fuoco lento per 20 minuti a casseruola coperta; quando le cipolline saranno cotte, se fosse rimasto troppo liquido, far ritirare alcuni minuti a fuoco vivace.

ANGUILLE ALLA PIRATA

Ingredienti

800 gr. di anguille di medie grossezza, 1/2 bicchiere d'olio extra vergine d'oliva, una cipolla bianca, uno spicchio d'aglio, 3 cucchiai di capperi, un poco di farina bianca, un cucchiaio di polpa d'olive, 2 bicchieri di vino bianco secco, sale, pepe.

Esecuzione

Pulire e tagliare le anguille in pezzi piuttosto grossi, infarinarle e farle leggermente rosolare nell'olio dove avrete sfritto la cipolla tritata finemente; aggiungere un primo bicchiere di vino ed iniziare la cottura; a metà di questa aggiungere i capperi e l'aglio, aggiustare di sale e pepe, lasciare insaporire, unire il restante vino e la polpa delle olive; terminare la cottura e servire ben caldo.

BACCALÀ STUFATO

Ingredienti

900 gr. di baccalà ammollato, 70 gr. di burro, 4 cipolle di montignoso, 3-4 cucchiai d'olio extra vergine d'oliva, un litro circa di latte, 4-5 acciughe salate, un ciuffo di prezzemolo 1 spicchio d'aglio, un grosso arancio, sale, pepe.

Esecuzione

Far appassire in un tegame di coccio le cipolle tagliate a fettine con il burro e l'olio; aggiungere il prezzemolo e l'aglio tritato, le acciughe lavate e diliscate, il latte, sale e pepe, ed infine il baccalà tagliato a pezzi dopo aver tolto la pelle e le lische. Coprire e lasciar cuocere molto lentamente. Dopo circa un'ora aggiungere il succo dell'arancio, ricoprire e cuocere ancora per circa 10-15 minuti. Servire con polenta calda abbrustolita.

BACCALÀ DEL MOZZO

Ingredienti

Kg. 1 di baccalà ammollato, un peperone giallo, 3 grosse patate, tre porri piuttosto grossi, una manciata di foglie di basilico, 1/2 bicchiere d'olio extra vergine d'oliva, 2 bicchieri di latte, uno spicchio d'aglio, sale, pepe.

Esecuzione

Lavare il baccalà e farlo bollire in acqua calda per alcuni minuti, privarlo quindi delle lische e della pelle e sminuzzarlo. Ungere una pirofila con un po' d'olio e sistemarvi un sottile strato di baccalà, coprire con il peperone tagliato a striscioline, ancora baccalà, patate tagliate a fettine, e così fino alla fine. Mettere lo spicchio d'aglio sminuzzato, aggiustare di sale e pepe, irrorare con l'olio ed il latte, mettere in forno per circa 30-40 minuti e servire caldo.

BRANZINO AL FINOCCHIO FRESCO

Ingredienti

Un branzino di circa Kg. 1, un grosso rametto di finocchio, 2 spicchi d'aglio, un bicchiere di cognac, un poco di farina bianca, 1/2 bicchiere di cognac, 1 bicchiere di vino bianco secco, sale, pepe.

Esecuzione

Pulire e lavare accuratamente il pesce, salare e pepare internamente mettendo nel ventre un poco di finocchio, infarinare ed incidere sui fianchi mettendo nelle incisioni praticate sale e finocchio, appoggiarlo sopra un foglio di carta alluminio leggermente unta, mettere ancora alcune gocce d'olio, il finocchio rimasto, aggiustare di sale e pepe e chiudere accuratamente il cartoccio.

Cuocere in forno per circa 40 minuti; aprire il cartoccio, versare sopra il branzino il cognac leggermente riscaldato dar fuoco e portare in tavola.

BRASATO DI NASELLO

Ingredienti

4 naselli del peso di 250 gr. l'uno, una cipolla, una carota, due spicchi d'aglio, un ciuffetto di prezzemolo, due bicchieri di vino rosso, sale pepe, 1/2 bicchiere d'olio extra vergine d'oliva.

Esecuzione

Pulire accuratamente il pesce, tritare finemente cipolla, carota, aglio e prezzemolo, mettere in una casseruola dell'olio e sopra stendervi il pesce, salare pepare e unire il vino. Cuocere coperto per 25-30 minuti.

CALAMARI AL BASILICO

Ingredienti

800 gr. di calamari, 1 kg. di pomodori pelati passati al setaccio, 30-35 foglie fresche di basilico, una tazza di vino bianco secco, un bicchiere circa d'olio extra vergine d'oliva, sale, pepe.

Esecuzione

Mettere l'olio e il passato di pomodoro in una terrina capiente, unire calamari precedentemente sbollentati nel vino, aggiustare di sale e pepe, coprire e cuocere per circa 40 minuti a fuoco molto moderato, aggiungere il basilico tritato, far cuocere ancora 10 minuti, servendovi, se il liquido non fosse sufficiente, di un poco del vino in cui avevate sbollentato i calamari.

CARPA ESOTICA

Ingredienti

1 o 2 carpe per un peso complessivo di 1 kg., il succo di un pompelmo, un limone, 4-5 prugne, una banana, 4 fette di ananas, 1/2 bicchiere d'olio extra vergine d'oliva, 1 bicchiere di cognac, sale, pepe, carta argentata da cartocci.

Esecuzione

Pulire e lavare accuratamente la carpa, asciugarla e metterla in un recipiente con il succo del limone, del pompelmo, le prugne snocciolate, la banana tagliata a pezzi, le fettine di ananas il sale ed il pepe. Lasciare macerare per circa un'ora. Stendere la carta argentata e metterci dentro la carpa, passare la marinata dal setaccio in modo da ottenere una crema da versare sopra la carpa, chiudere il cartoccio ed infornare a 200 gradi per circa 50 minuti, portare in tavola ed aprire, irrorando con il cognac e dando fuoco.

CEFALO AI PORCINI

Ingredienti

Un cefalo di circa Kg. 1, 300 gr. di funghi porcini freschi, un bicchiere di vino bianco secco, un cucchiaio di prezzemolo tritato con uno spicchio d'aglio, un bicchiere di vino bianco secco, sale pepe, 1/2 bicchiere d'olio extra vergine d'oliva, il succo di un pompelmo, 50 gr. di burro.

Esecuzione

Mettere il cefalo ben pulito in un tegame con

il burro aggiustando di sale e pepe e iniziare la cottura aiutandosi con il vino; quando il pesce sarà cotto toglierlo e tenerlo in caldo; aggiungere l'olio nel tegame di cottura del pesce, i funghi tagliati a fettine sottili, il succo del pompelmo ed il prezzemolo, se necessario aggiungere un cucchiaio d'acqua fino ad ultimare la cottura dei funghi e prima di togliere dal fuoco aggiungere il pesce lasciando insaporire a fuoco moderato. Disporre il pesce sul piatto di portata, coprirlo con i funghi e servire.

CODA DI ROSPO IN AGRO DOLCE

Ingredienti

700 gr. di coda di rospo, 400 gr. di cipolline bianche, 1 bicchiere d'olio extra vergine d'oliva, un cucchiaino di zucchero, un bicchiere di vino bianco molto secco, sale, pepe.

Esecuzione

Sfilettare il pesce e saltarlo nell'olio con il sale e lo zenzero mantenendolo caldo una volta cotto. Nell'olio di cottura del pesce mettere lo zucchero facendo imbiondire leggermente, unire le cipolline ed il vino, cuocere coperto a fuoco moderato, aggiungendo se necessario altro liquido. Quando le cipolline saranno cotte, adagiarvi sopra il pesce irrorandolo con il sugo di cottura e mettere in forno 5 minuti.

COTOLETTE DI SARDINE IN SUGO DI CAPPERI

Ingredienti

800 gr. di sardine, un uovo, 3 cucchiai di latte, una tazza di pomodori pelati passati al setaccio, 2 cucchiai di capperi, olio per friggere, pane grattato, sale pepe.

Esecuzione

Spinare le sardine, lavarle ed asciugarle con un panno; sbattere l'uovo con il latte, il sale e pepe, passarvi una sardina alla volta ed impanarle e friggere nell'olio caldo. Nel frattempo preparare un sughetto con il pomodoro ed i capperi tritati, passarvi le «cotolette», insaporire alcuni minuti e servire.

COZZE MOSCARDINI E SEPPIOLINE IN PASTELLA

Ingredienti

1 kg. tra cozze sgusciate, moscardini e seppioline, due uova, farina bianca, limone, abbondante olio per friggere, 2 cucchiai di prezzemolo tritato, sale.

Esecuzione

Sbollentare il pesce in acqua salata e limone, scolare ed asciugare; formare con le uova e la farina una pastella abbastanza solida, aggiungere il prezzemolo ed il pesce. Quando l'olio bolle aiutandosi con un cucchiaio mettere il pesce a friggere; toglierlo quando la pastella avrà preso un colore dorato, asciugare dall'olio di cottura su carta assorbente, salare e servire.

DENTICE IN CROSTA

Ingredienti

800 gr. di filetti di dentice, 5 acciughe salate e diliscate, 2 confezioni di pasta sfoglia surgelata, 200 gr. di burro, 2-3 bicchieri di vino bianco secco, 300 gr. di pisellini saltati nel burro, un bicchiere di panna, 2 cucchiai di prezzemolo e aglio tritati, sale, pepe, olio extra vergine d'oliva.

Esecuzione

Spumeggiare il burro e friggere i filetti aiutandosi con il vino per portare a cottura; frullare i pisellini con la panna aggiungendo il prezzemolo e l'aglio formando una crema. Stendere una confezione di pasta sfoglia disponendovi sopra i filetti di dentice e le acciughe, spalmare con la crema ottenuta, irrorare con un filo sottilissimo d'olio e chiudere la pasta con la seconda confezione cercando di creare la forma di un pesce; ungere leggermente con un poco di olio e mettere in forno per circa 30 minuti.

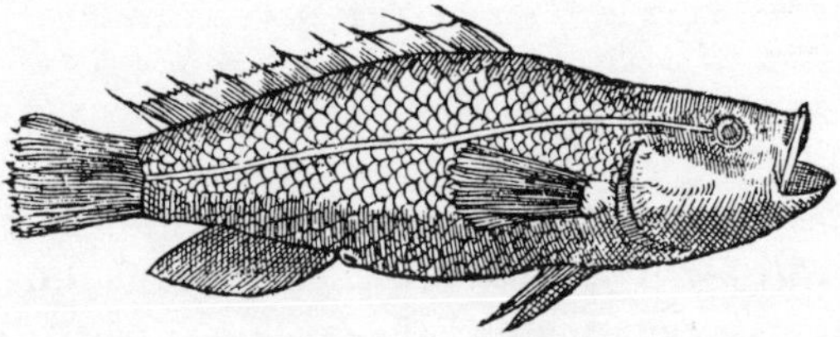

DENTICE IN CREMA DI COZZE

Ingredienti

1 dentice di circa 1 Kg., 1 Kg. di cozze, 50 gr. di burro 2-3 cucchiai d'olio extra vergine d'oliva, un bicchiere di vino bianco, sale, pepe.

Esecuzione

Pulire il pesce, salare e pepare sia internamente che esternamente, cuocere in forno per 20-25 minuti con il burro e l'olio. Quando sarà cotto toglierlo e tenerlo in caldo. Nel frattempo fate aprire le cozze in un tegame coperto dopo averle accuratamente lavate, levatele dal guscio, e disponetele nel recipiente dove avete cotto il dentice, aggiungere il bicchiere del vino e deglassare il fondo, mettere il tutto nel frullatore e versare la crema ottenuta sul dentice che avrete diliscato e sfilettato.

FILETTI DI SOGLIOLA AL MANDARANCIO

Ingredienti

400 gr. di filetti di sogliola, 1/2 bicchiere d'olio extra vergine d'oliva, un ciuffo di prezzemolo, il succo di due mandaranci, un cucchiaio raso di capperi, 1/2 bicchiere di vino bianco secco, farina bianca, sale, pepe un bicchierino di cognac e uno di panna.

Esecuzione

Lavare asciugare e salare i filetti di sogliola, infarinare leggermente e quando l'olio è ben caldo friggerli facendoli poi scolare su fogli di carta assorbente. Una volta asciutti disporli in una pirofila leggermente unta. Nel contempo avrete preparato un trito con i capperi ed il prezzemolo, che unirete in una terrina al succo dei mandaranci, al mezzo bicchiere di vino, il pepe, il cognac e panna; amalgamare il tutto e versare sopra le sogliole. Mettere in forno a 220 gradi per circa 13 minuti. Servire caldi.

FILETTONI DI PESCE S. PIETRO AL FORNO CON PATATE

Ingredienti

Gr. 800 di filettoni, farina bianca, 1/2 litro di latte, 4 cucchiai di prezzemolo tritato con aglio, una puntina di zenzero, 5-6 patate tagliate a fette alte circa un centimetro, olio extra vergine d'oliva un bicchiere, sale.

Esecuzione

Lavare il pesce e asciugarlo, infarinare e dopo aver messo l'olio in una pirofila da forno con uno strato di patate, adagiarvi il pesce, con un poco di prezzemolo, poi ancora uno strato di patate, ancora pesce, prezzemolo e così via fino al termine degli ingredienti. Ricoprire con il latte, alcune gocce d'olio, sale, zenzero; cuocere in forno caldo a 180 gradi per circa 40 minuti, aggiungendo ancora un po' di latte se la cottura ne richiedesse.

INSALATA DI RUCOLA E FILETTI DI PESCE PERSICO

Ingredienti

600 gr. di filetti di persico, due mazzetti di rucola, 25 foglie di basilico, un bicchiere di olio d'oliva extra vergine, succo di limone, un pomodoro da insalata, sale, pepe.

Esecuzione

Cuocere i filetti nell'olio, aggiustando con sale e pepe e, una volta cotti, lasciarli raffreddare. Nel frattempo mettere il succo del limone nell'olio di cottura che servirà per condire i filetti di persico che avrete disposti con le foglie del basilico e le fettine di pomodoro sulla rucola.

INVOLTINI ALLA BACCO

Ingredienti

12 grosse foglie di vite, 200 gr. di palombo, 200 gr. di moscardini, 200 gr. di cozze sgusciate, 2 acciughe diliscate, un panino ammollato nel latte, un cucchiaio di prezzemolo tritato con uno spicchio d'aglio, un cucchiaio di pecorino grattugiato, 1/2 kg. di pomodori pelati e passati al setaccio, un bicchiere circa d'olio extra vergine d'oliva, tre bicchieri di vino bianco secco, sale, pepe.

Esecuzione

Bollire le foglie di vite in due bicchieri di vino dopo averle ben lavate, facendo attenzione che non si rompano. Mettere il palombo ed i moscardini a cuocere a fuoco basso nell'olio, portare a cottura con l'aggiunta del vino. Quando il pesce sarà cotto metterlo in una terrina; dopo averlo sminuzzato, aggiungere le acciughe, le cozze, il prezzemolo, il panino ben strizzato, il pecorino ed aggiustare di sale e pepe. Con l'impasto ottenuto formare delle polpette e riempire le foglie e legandole con del filo bianco. Nel frattempo avrete messo a bollire per qualche minuto i pomodori nel recipiente dove è stato cotto il pesce; adagiarvi ora gli involtini, lasciarli cuocere per 10-15 minuti e servire.

NASELLO GRATINATO AGLI ASPARAGI

Ingredienti

800 gr. circa di filetti di nasello, 100 gr. di burro, 3 cucchiai di parmigiano grattugiato, 300 gr. di punte d'asparagi lessate, un poco di farina bianca, il succo di 2-3 mandarini, sale, pepe.

Esecuzione

Far dorare i filetti in 50 gr. di burro dopo averli salati ed infarinati, metterli in una pirofila imburrata con il loro sughetto di cottura ed il succo di mandarini. Saltare gli asparagi nel burro rimasto e stenderli sul pesce, imbiancare con il parmigiano, aggiungere un pizzico di pepe ed infornare fin quando la superficie non sarà gratinata.

OMBRINA ALL'AGLIO

Ingredienti

Un'ombrina di circa 1 kg., 5-6 spicchi d'aglio, 2-3 cucchiai di prezzemolo tritato, 3 bicchierini di vino bianco secco, il succo di 2 pompelmi, sale, pepe, olio extra vergine d'oliva (q.b.).

Esecuzione

Far soffriggere nell'olio l'aglio schiacciato, aggiungere il prezzemolo e mettere il pesce accuratamente pulito; bagnare con il vino, il succo dei pompelmi, aggiustare di sale pepe, irrorare con l'olio e mettere in forno per circa 40 minuti. Controllare la cottura ed eventualmente aggiungere ancora un poco di succo di pompelmo.

OMBRINA ALLA PAPRIKA IN CARTOCCIO

Ingredienti

Un'ombrina di circa 1 kg., 70 gr. di paprika dolce, una grossa mela, 70 gr. di burro, sale, pepe, carta argentata da cartocci.

Esecuzione

Pulire accuratamente il pesce e metterlo a cuocere per 10 minuti - 5 per parte - nel burro schiumato. Stendere sul tagliere un foglio di carta alluminio, mettervi metà della mela tagliata a fettine spolverate con metà della paprika, il pesce, salare e pepare anche internamente, coprire con l'altra metà della mela ancora a fettine sottili e il resto della paprika irrorando col burro di cottura. Chiudere accuratamente il cartoccio e mettere in forno per 25-30 minuti.

ORATA E SORPRESA

Ingredienti

Un orata di circa 1 kg., una cipolla bianca, un limone, 6 filetti d'acciuga, 2 foglie d'alloro, un cucchiaio di capperi, 30 gr. di burro, olio extra vergine d'oliva, 15 olive snocciolate, un pizzico d'origano, sale, pepe, carta alluminio da cartocci.

Esecuzione

Pulire l'orata e dopo averla asciugata porla sulla carta di alluminio leggermente unta. Nel frattempo frullare tutti gli ingredienti, meno che le acciughe, irrorare con questo composto l'orata, stendervi sopra i filetti d'acciuga, ungendo con alcune gocce d'olio e chiudere accuratamente il cartoccio. Cuocere in forno per circa 25-30 minuti, e servire.

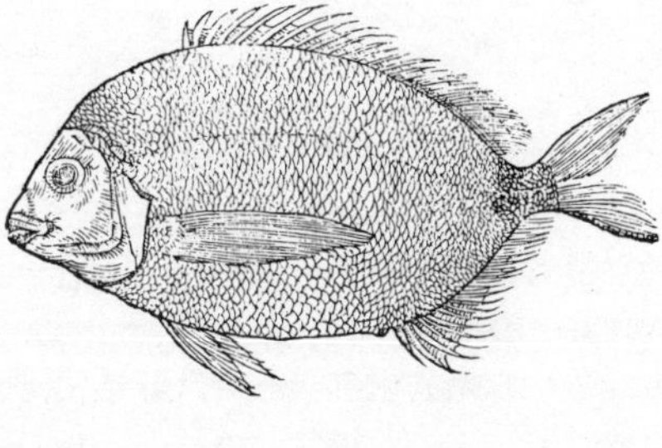

PAGELLO IN PIZZA

Ingredienti

Un pagello di circa Kg. 1,200, 4 acciughe diliscate, 150 gr. di mozzarella, 4 pomodori pelati, origano, sale pepe, olio extra vergine d'oliva.

Esecuzione

Pulire accuratamente il pagello, salare e pepare, mettere in forno con l'olio per circa 40 minuti e controllare che il pesce sia cotto. A questo punto sistemare il pesce sopra un foglio di carta d'alluminio, condire con le acciughe, la mozzarella tagliata a fettine, i pomodori sminuzzati e per ultimo l'origano; chiudere il cartoccio tutto intorno e mettere nuovamente in forno per 10 minuti.

PALOMBO AL SUGO

Ingredienti

4 fette di palombo di circa 150 gr. ognuna, succo di un pompelmo, succo di un arancio, mezzo bicchiere di cognac, 5 pomodori ben maturi, 15 foglie di basilico, mezzo bicchiere d'olio extra vergine d'oliva, sale, pepe, un poco di farina bianca.

Esecuzione

Mettere per alcune ore il palombo in marinatura con il succo del pompelmo e dell'arancio, scaldare l'olio cuocere tre minuti per parte il palombo infarinato, salate, pepate, e irrorare con il cognac. Togliere il palombo e far cuocere nella stessa pentola i pomodori con il basilico, far ritirare e mettere nuovamente il palombo; aggiungere un bicchiere di marinata, far ritirare e servire caldo.

PESCATRICE ALL'ACCIUGATA

Ingredienti

Una pescatrice di circa 1 kg., 5 acciughe salate, pulite e diliscate, un cucchiaio di capperi, un poco di farina bianca, 2 bicchieri di vino bianco secco, olio extra vergine d'oliva, sale, pepe.

Esecuzione

Pulire accuratamente il pesce, salarlo e peparlo nell'interno, infarinarlo e metterlo in una casseruola con l'olio; cuocere per 20 minuti, aggiungere il vino e cuocere ancora per altri 10 minuti. Nel frattempo preparare un trito con acciughe ed i capperi, cospargerlo sul pesce e mettere in forno per 10 minuti dopo aver ben irrorato il pesce con il suo sughetto.

PESCE SPADA AL CARTOCCIO

Ingredienti

4 fette di pesce spada di circa 200 gr. l'una, un cucchiaio di capperi, 2 cucchiai di prezzemolo tritato, 4 cucchiai di vino bianco, un arancio, un poco d'olio, sale, pepe, carta di alluminio da cartocci.

Esecuzione

Lavare il pesce ed asciugarlo privandolo eventualmente della pelle. Stendere su 4 fogli di carta d'alluminio le 4 fette, bagnarle con un cucchiaio di vino, salare, pepare, dividere il prezzemolo in 4 parti spolverizzandolo poi sulle fette del pesce, unire i capperi e le fettine dell'arancio tagliato orizzontalmente con la sua buccia, bagnare con alcune gocce d'olio e chiudere accuratamente ciascun foglio accartocciandolo ai bordi; cuocere in forno a fuoco medio per circa 15-20 minuti. A cottura ultimata servire il cartoccio ancora chiuso ad ogni commensale.

PESCE SPADA ALLA CORSARO NERO

Ingredienti

4 trance di pesce spada di circa 250 gr. l'una, 2 cucchiai di capperi, 4 acciughe salate sfilettate, 2 cucchiai di olive tritate, due pizzichi di origano, una tazza di pomodori passati al setaccio, un bicchiere di vino bianco secco, una puntina di zenzero, sale, un bicchiere d'olio extra vergine d'oliva.

Esecuzione

Tritare i capperi e mettere nell'olio a freddo con le olive ed il pomodoro, far ritirare leggermente e aggiungere lo zenzero; adagiare le fette di pesce spada nella salsa, spruzzare con il vino aggiungendo le acciughe e l'origano.
Portare a cottura e servire ben caldo.

POLPETTINE DI ALICI

Ingredienti

700 gr. di alici, un panino ammollato nel latte, 2 cucchiai di parmigiano grattugiato, 2 uova, un cucchiaio di basilico tritato, una cipolla, 2 tazze di pomodori pelati passati al setaccio, pane grattugiato, mezzo bicchiere d'olio extra vergine d'oliva, sale, pepe, un pizzico di origano.

Esecuzione

Sbollentare le alici, spinarle, togliere la testa e tritare finemente, impastare con il panino ben strizzato, le uova, il formaggio sale pepe, basilico, fare delle polpette aiutandosi con il pane grattato.

Preparare quindi un sughetto con la cipolla, il pomodoro e l'origano, mettervi dentro le polpettine e lasciarle insaporire per 15 minuti a fuoco moderato.

POLPO AL BASILICO

Ingredienti

1200 gr. di polpi, 500 gr. di pomodori pelati passati al setaccio, una tazza di vino bianco secco, un poco di brodo di dado, un pizzico di zenzero, 30 foglie di basilico fresco, 6 fette di pane posato abbrustolito e agliato, un bicchiere d'olio extra vergine d'oliva, sale.

Esecuzione

Cuocere per 30 minuti i polpi in una pentola a pressione con i pomodori, lo zenzero, il vino, un poco di brodo ed il sale. A cottura ultimata tritare il basilico e insaporire il tutto lasciandolo cuocere ancora per 2-3 minuti; mettere il pane in una zuppiera, bagnarlo con il sughetto ottenuto disponendovi sopra i polpi, condire con olio a crudo e servire.

RAGNO AL BASILICO

Ingredienti
Un ragno di circa Kg. 1, 70 gr. di burro, 2 bicchieri di vino bianco, il succo di un arancio, il succo di un mandarino, 30 foglie di basilico fresco, sale, pepe.

Esecuzione
Lavare e pulire accuratamente il ragno, cuocerlo in una teglia con circa la metà del burro aiutandosi con il vino, aggiustare di sale e pepe. Una volta cotto il pesce toglierlo dal fuoco e tenerlo in caldo. Nel frattempo con il succo dell'arancio e del mandarino deglassate la teglia di cottura e dopo aver fatto ritirare leggermente il liquido mettere tutto nel frullatore con la salvia ed il burro; dopo aver ben lavorato versare sul pesce ancora caldo e servire.

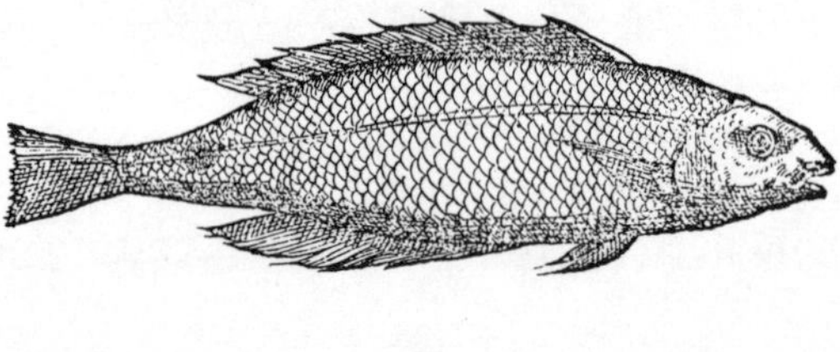

RAZZA CON SALSA ALL'ARANCIO

Ingredienti

Kg. 1 di filetti di razza, 1/2 cucchiaino di senape piccante, una presa di origano, il succo di un arancio, 1/2 bicchiere d'olio extra vergine d'oliva, 100 gr. di burro, 7 foglie di basilico fresco, 50 gr. di mollica di pane, un bicchierino di cognac, uno di marsala, sale, pepe.

Esecuzione

Cuocere i filetti nel burro aggiustando di sale e pepe disponendoli poi in una pirofila unta; mettere tutti gli ingredienti rimasti in un frullatore e frullare fino ad ottenere una crema che verserete sui filetti; cuocere in forno per 15-20 minuti e servire.

ROMBO CON GLI SPINACI

Ingredienti

800 gr. di filetti di rombo, 1 kg. di spinaci da cuocere, un bicchiere d'olio extra vergine d'oliva, 1 tazza di pomodori pelati passati al setaccio, sale, pepe.

Esecuzione

Saltare i filetti nell'olio per 5 minuti, toglierli e mettere nella stessa pentola i pelati, far ritirare leggermente e unire nuovamente il pesce insaporendo e aggiustando con sale e pepe; una volta cotti i filetti, toglierli e disporli sugli spinaci precedentemente cotti in acqua salata per alcuni minuti e ben strizzati; condire il tutto con la salsina di cottura e, se necessario, aggiungere un filo d'olio a crudo.

SALMONE ALL'AGLIO

Ingredienti

1 salmone di circa un Kg., 4 spicchi d'aglio, una manciata di prezzemolo, un bicchiere d'olio extra vergine d'oliva, 100 gr. di burro, sale pepe, un bicchiere di vino bianco.

Esecuzione

Pulire accuratamente il pesce, salare pepare e metterlo a cuocere in forno dopo averlo adagiato sul burro fuso, avendo cura, durante la cottura, di annaffiarlo con il vino. Nel frattempo mettere l'olio, l'aglio ed il prezzemolo nel frullatore ed emulsionare; quindi togliere dal forno il pesce, pulirlo, metterlo nuovamente nel recipiente di cottura irrorandolo con il frullato precedentemente preparato, insaporire e servire.

SAN PIETRO ALLA CORSARA

Ingredienti

Un pesce San Pietro di circa 1 kg., una cipolla, un ciuffo di prezzemolo, una tazza di salsa di pomodoro, un bicchiere di cognac, il succo di un limone e di un arancio, 300 gr. di moscardini, un bicchiere d'olio extra vergine d'oliva, sale, pepe.

Esecuzione

Soffriggere la cipolla e il prezzemolo finemente tritati, aggiungere la salsa di pomodoro e far ritirare (ma non troppo); bollire per 10 minuti il pesce in acqua calda, scolarlo e metterlo in una teglia da forno irrorando con la salsa di pomodoro, il cognac, il succo dell'arancio, e del pompelmo; unire i moscardini, salare pepare e mettere in forno per 20-25 minuti controllando ovviamente la cottura; quando questa sarà ultimata servire cospargendo con la salsina ottenuta.

SARDINE AL FORNO

Ingredienti
800 gr. di sardine ben pulite e squamate, 2 grosse patate, 2 peperoni gialli, un bicchiere di vino bianco secco, 1 bicchiere d'olio extra vergine d'oliva, sale, pepe.

Esecuzione
Ungere una teglia e mettere il peperone tagliato a pezzi, coprire con le sardine, sopra stendere le patate tagliate a dischetti alti mezzo dito, condire con l'olio aggiustando di sale e pepe, mettere in forno moderato per il tempo necessario per cuocere le patate aiutandosi con il vino.
Il piatto può essere servito caldo o freddo a vostro piacere.

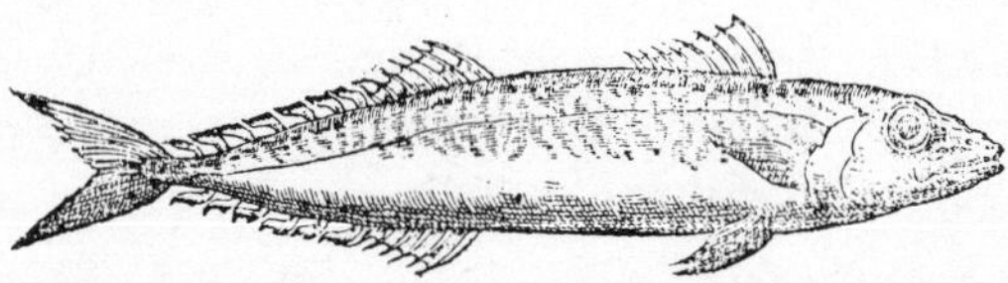

SEPPIE ALLA GONDOLIERA

Ingredienti

800 gr. di seppioline, 400 gr. di cipolle, 1/2 bicchiere d'olio extra vergine d'oliva, 2 bicchieri di vino bianco secco, sale, pepe.

Esecuzione

Pulire e lavare le seppioline, metterle nell'olio con sale e pepe, cuocerle con un bicchiere di vino. Togliere dal fuoco e metterle da parte al caldo; unire le cipolle tagliate a fette e iniziare la cottura con l'altro bicchiere di vino. A metà cottura aggiungere nuovamente le seppioline e ultimare la stessa.

SEPPIOLINE PICCANTI

Ingredienti

1 kg. di piccole seppioline, 1/2 bicchiere d'olio extra vergine d'oliva, uno spicchio d'aglio, 2 pompelmi rosa, un pizzico di capperi tritati, un pizzico di zenzero, 3-4 pomodori maturi, un cucchiaio di basilico tritato, sale.

Esecuzione

Pulire e lavare accuratamente le seppioline, metterle in un tegame con l'olio ed il trito di aglio, basilico e capperi, salare aggiungere lo zenzero e lasciare cuocere a recipiente coperto. Dopo 10 minuti circa aggiungere il succo dei pompelmi e alzare la fiamma, unire i pomodori tritati, abbassare la fiamma e cuocere ancora 20 minuti. Servire ben calde.

STUFATO DI PATATE CON GAMBERI

Ingredienti

16 grossi gamberi, 4 grosse patate tagliate a tocchetti, 1 bicchiere circa d'olio extra vergine d'oliva, un cucchiaio di prezzemolo tritato con uno spicchio d'aglio, sale, pepe, un poco di brodo.

Esecuzione

Saltare i gamberi nell'olio fino a cottura, togliere e mantenere in caldo; nell'olio di cottura mettere le patate, aggiustare di sale e pepe, aggiungere l'umido necessario e lasciar cuocere a recipiente coperto. A cottura quasi ultimata aggiungere il prezzemolo ed i gamberi, insaporire e servire.

TINCHE AGLI AGRUMI

Ingredienti

4 tinche di circa gr. 200 l'una, un arancio, un pompelmo, mezzo bicchiere d'olio extra vergine d'oliva, 2 cucchiai di basilico fresco tritato, una grossa mela divisa in 4 parti, sale, pepe.

Esecuzione

Lavare e pulire le tinche, mettere in ognuna una parte di mela e chiudere con uno stecchino; mettere le tinche in una pirofila unta di olio bagnando con il succo del pompelmo, infornare a 200 gradi per circa 60 minuti, bagnando di tanto in tanto con il suo sugo fino a cottura ultimata. Togliere dal forno cospargere di basilico e irrorare con il succo del limone; servire caldo.

TINCHE ALLA GRIGLIA

Ingredienti

4 tinche da circa 250 gr. l'una, 2 cucchiai di ramerino tritato, 2 spicchi d'aglio, un bicchiere d'olio extra vergine d'oliva, il succo di un arancio, un cucchiaio di maionese, sale, pepe.

Esecuzione

Sventrare, pulire, lavare accuratamente ed asciugare le tinche, metterle sulla griglia a fuoco basso permettendo al grasso di struggere e cuocere dentro.

Nel frattempo emulsionare nel frullatore il ramerino, l'aglio, l'olio, il succo dell'arancio la maionese il sale e pepe; una volta che le tinche saranno cotte metterle in un vassoio con sopra la salsa ottenuta. Guarnire con fettine di limone e prezzemolo.

TONNO AI FUNGHI

Ingredienti

Un trancio di tonno al peso di circa kg. 1, 500 gr. di funghi porcini freschi, 1/2 tazza di pomodori pelati passati al setaccio, una cipolla, due bicchieri di vino, uno spicchio d'aglio, un cucchiaio di nepitella (Mentuccia da funghi), 50 gr. di burro, mezzo bicchiere d'olio extra vergine d'oliva, sale, pepe.

Esecuzione

Far cuocere il tonno nel burro e nell'olio per 45-50 minuti aiutandosi con il vino; una volta cotto toglierlo e mantenerlo in caldo. Far appassire la cipolla nell'olio di cottura del pesce, unire i funghi e la mentuccia con l'aglio, cuocere per 10 minuti, aggiungere i pomodori e far ritirare. Versare la salsa sul tonno ed infornare per 5 minuti.

TONNO IN FORNO

Ingredienti

Una fetta unica di tonno fresco di circa 800 gr., 2 porri, il succo di mezzo limone e mezzo pompelmo, un cucchiaio di farina bianca, 80 gr. di burro, un bicchiere di vino bianco, sale, pepe.

Esecuzione

Lavare il tonno privandolo della pelle e, dopo aver fatto spumeggiare 50 gr. di burro rosolarlo dalle due parti aggiustando di sale e pepe; metterlo al caldo dopo la rosolatura, nello stesso tegame mettere i porri finemente tritati e farli appassire, cospargerli di farina e con l'aiuto del succo del limone del pompelmo, e del vino formare una salsina sempre mescolando con un mestolo di legno.

Adagiare il tonno in una pirofila imburrata e ricoprire con la salsina, mettere nel forno caldo a 170 gradi per 40-45 minuti e servire.

TRIGLIE AL POMPELMO ROSA

Ingredienti

1 kg. circa di triglie non troppo piccole, un grosso pompelmo rosa, 1/2 kg. di pomodori pelati passati al setaccio, 4 spicchi d'aglio, un cucchiaio di prezzemolo tritato con uno spicchio d'aglio, 1 bicchiere d'olio extra vergine d'oliva, un poco di peperoncino rosso, alcune fette di pane raffermo, sale.

Esecuzione

Pulire accuratamente le triglie, scaldare l'olio con l'aglio ed il peperoncino, unire quindi i pomodori e far cuocere per 10 minuti, unire le triglie e salare. Cuocere per alcuni minuti ed aggiungere il succo del pompelmo; far ritirare leggermente, prima di togliere dal fuoco aggiungere il prezzemolo tritato. Nel frattempo avrete fatto abbrustolire leggermente il pane; agliatelo e bagnatelo con il sughetto ottenuto adagiandovi sopra le triglie.

TRIGLIE INFORNATE

Ingredienti

1 Kg. di triglie, 3 cucchiai di aglio e prezzemolo, un bicchiere di cognac, il succo di un pompelmo, pane grattato, 200 gr. di olive in salamoia, sale, pepe, olio extra vergine d'oliva.

Esecuzione

Pulire accuratamente le triglie e riempirle con il trito di prezzemolo e aglio, legarle con un filo di refe bianco e mettere a macerare per circa

2 ore con il succo del pompelmo, il cognac, sale, pepe ed un poco di olio. Una volta macerate impanare e disporle in una teglia unta d'olio, unire la marinatura e le olive infornando per circa 20 minuti a fuoco medio; durante la cottura irrorare le triglie con il loro sughetto cercando di muoverle il meno possibile per evitare che si rompano.

TROTA AGLI AGRUMI

Ingredienti

Una trota di circa gr. 1500, 3 arance, 2 limoni, un bicchiere di vino bianco secco, 70 gr. di burro, un poco di pangrattato, sale, pepe.

Esecuzione

Pulire ed asciugare la trota, lavare le arance ed i limoni che dovrete tagliare a sottili fettine tonde privandole dei semi ma non della buccia; prendere un grosso foglio di alluminio, imburrare e fare con le arance ed i limoni uno strato dove appoggierete la trota dopo averla imburrata e passata dal pangrattato; coprire con le altre fettine d'arancia e limone, salare, pepare, mettere alcuni fiocchetti di burro e bagnare con il vino. Chiudere accuratamente il cartoccio e mettere in forno a 180 gradi per 45-50 minuti. Aprire il cartoccio in tavola e servire; gli agrumi serviranno come contorno.

TROTE AL PROSCIUTTO

Ingredienti

4 trote di circa 200-250 gr. ciascuna, 4 fette di prosciutto crudo dolce, 2 cucchiai di parmigiano, un poco d'aceto di vino, 2 cucchiai di prezzemolo tritato, un poco di peperoncino rosso, olio extra vergine d'oliva, sale.

Esecuzione

Pulire lavare ed asciugare le trote, mescolare il parmigiano con il prezzemolo tritato e due cucchiai di aceto, e con questo riempire le trote, salare ed avvolgere ogni trota in una fetta di prosciutto. Scaldare un poco d'olio in una padella, allinearvi le trote, coprire e cuocere a fuoco dolce per 20-25 minuti.

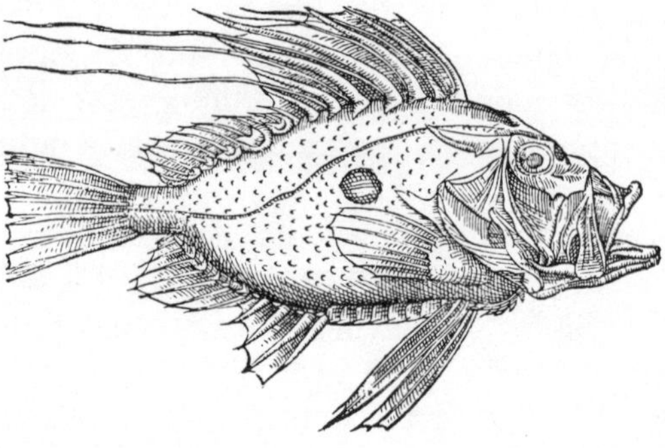

TROTE IN SALSA DI MELE

Ingredienti

4 trote di circa 250 gr. ciascuna, 100 gr. di burro, 2 grosse mele golden, 1 spicchio d'aglio, 2 foglie d'alloro, un poco di farina, un bicchiere di vino bianco secco, sale pepe.

Esecuzione

Mettere due noci di burro in una casseruola con l'aglio e l'alloro, lasciare insaporire e togliere subito; unire le mele e pezzetti, salare, pepare e spuzzare con il vino. Una volta cotte le mele passarle al setaccio addensando se necessario con un poco di farina bianca. Pulire e lavare le trote, infarinarle e cuocerle nel burro schiumato per 10 minuti aggiustando di sale e pepe. Sistemare in un vassoio e servire con la salsa di mele.

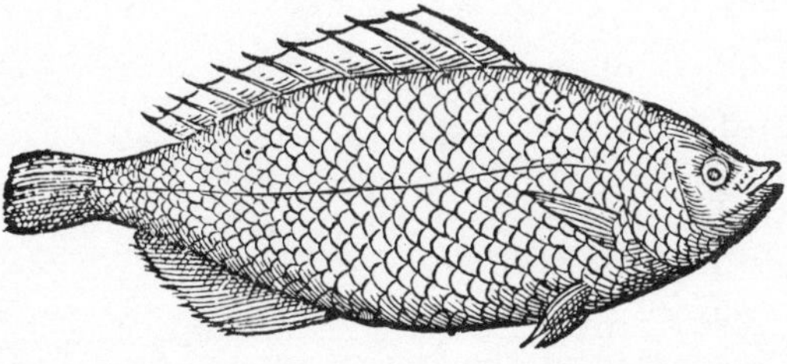

INDICE

“I Mangiari”

prezzo di copertina
Lit. 7.000/euro 3,62

1. Mangiari lucchesi

2. Adriana Gallesi
I Mangiari d’una volta
in Garfagnana

3. Umbero Consani
Cucinare il pesce

4. Umberto Consani
Cucinare coi vini lucchesi

5. Leo Codacci
Pane, olio e vino

6. Carla Geri Camporesi
A tavola con l’olio d’oliva

7. Leo Codacci
Viareggio
le sue storie e la sua
cucina

8. Ricette dell’antica
cucina massese

9. Francesca Grossi
Cucina tradizionale della
Lunigiana

10. Leo Codacci
Mangiar coi fiori

11. Carla Ceri Camporesi
Ricette tradizionali
fiorentine

12. Carla Ceri Camporesi
Siena e il suo Chianti

13. Sandra Lotti
Zuppe della Toscana

14. Sandra Lotti
Sapori della Maremma

15. Elda Carlotti
Oltreserchio. I sapori della memoria

16. Carla Geri Camporesi
Tempo di marmellate

17. Carla Geri Camporesi
Un chicco magico. Ricette di caffè

18. Sandra Lotti
Dolci della Toscana

19. Carla Geri Camporesi
Dolci primo amore

20. Elda Carlotti Torte e ciambelle dolci e frittelle

21. Claudio Mollo
Cucina marinara dell'Argentario e dell'Isola del Giglio

22. Carla Geri Camporesi
In tutte le salse

23. Neva Finucci
Le ricette della Signora Ada

24. Laura Rangoni
L'Aceto balsamico modenese
Il sapore della tradizione

25. Carla Geri Camporesi
Ceci, fagioli, lenticchie

26. Silvia Maccari
La cucina mantovana

finito di stampare
nel mese di maggio 1999
dalla «litografia varo», pisa
per conto di mp maria pacini fazzi editore